はじめに

　幼児期の音楽教育においては、楽しく歌をうたうことがとても大切な要素でありますと同時に、音感とリズム感のトレーニングがそのレッスンの中心になります。私は、これまで小さい子のための歌のテキストを数多く作ってきました。どれも楽しくて子供たちを十分に喜ばせることができると確信しているのですが、子供たちの心の中にある知っている曲を弾きたいという強い気持ちに応えるため、ここに「メロディー・ピクニック」という新しい試みのテキストを作ることになりました。

　「メロディー・ピクニック」は、歌をうたうだけではなく、そこにリズムの練習とピアノの練習を取り入れた画期的なテキストです。手順としては、まず歌をうたい、そのあと左ページのリズムを打ちながらうたいます。それから、先生のメロディーに合わせて右ページのピアノを弾きます。習い始めにおいては指の動きに制限があるためメロディーそのものではありませんが、先生のメロディーと一緒に弾くことによってその曲をピアノによって体験することができるようになっています。

　また、レッスンの手際を良くするためと、家での練習がしやすいように練習用のCDをつけています。どの曲もよく知られた曲ですが、知らない曲の時はとても役立つと思います。また、小さい子に合わせたゆっくりの速度で入れていますから、CDに合わせるのを目標にして練習することにより、テンポの安定とフレーズ感を身につけることができます。テキストは、CDつきのものとCDなしのものが発売されていますので、先生の裁量により自由に使っていただける内容です。

　この一巻は、ドレミファまでの右手のみで構成されており、リズムは1拍から4拍までの基本的なリズムから八分音符、付点四分音符まで含まれていますが、歌の中の自然なリズムとして体得できるものと思われます。季節の歌もぜひ四季折々に楽しく取り入れてください。巻末の「ごうかくカード」は、子供たちのやる気をひき出すための楽しいカードですので、ぜひレッスンで活用してください。

　本書が、小さい子のレッスンに新しい光を投げかけますことを祈っています。

2015年3月

遠　藤　蓉　子

注：本書には〈CDつき〉のものと〈CDなしの本のみ〉の2種類あります。
　　お買い求めにあたって、予めご注意ください。

もくじ

1　おつかいありさん（トラック [1]～[3]）……………… 4

2　ごんべさんのあかちゃん（トラック [4]～[6]）……… 6

3　ほたる（トラック [7]～[9]）……………………… 8

4　はしのうえで（トラック [10]～[12]）……………… 10

5　ちゅうりっぷ（トラック [13]～[15]）……………… 12

6　みっきーまうす・まーち（トラック [16]～[18]）……… 14

7　ぐー・ちょき・ぱー（トラック [19]～[21]）…………… 16

8　げんこつやまのたぬきさん（トラック [22]～[24]）…… 18

9　めりーさんのひつじ（トラック [25]～[27]）………… 20

10　なべなべそこぬけ（トラック [28]～[30]）…………… 22

11　10にんのいんでぃあん（トラック [31]～[33]）………… 24

12　さよなら（トラック [34]～[36]）…………………… 26

13　うみ（トラック [37]～[39]）………………………… 28

14　かえるのうた（トラック [40]～[42]）………………… 30

15　きらきらぼし（トラック [43]～[45]）………………… 32

16　ふしぎなぽけっと（トラック [46]～[48]）…………… 34

17　とんぼのめがね（トラック [49]～[51]）……………… 36

18　むすんでひらいて（トラック [52]～[54]）…………… 38

19　ろんどんばし（トラック [55]～[57]）………………… 40

20　ぞうさん（トラック [58]～[60]）…………………… 42

21　あるぷすいちまんじゃく（トラック [61]～[63]）……… 44

22　いぬのおまわりさん（トラック [64]～[66]）………… 46

〈きせつのうた〉
23　じんぐる・べる（トラック [67]～[69]）……………… 48

24　たなばたさま（トラック [70]～[72]）………………… 50

25　まめまき（トラック [73]～[75]）…………………… 52

26　うれしいひなまつり（トラック [76]～[78]）………… 54

1 おつかいありさん (うたとリズム)

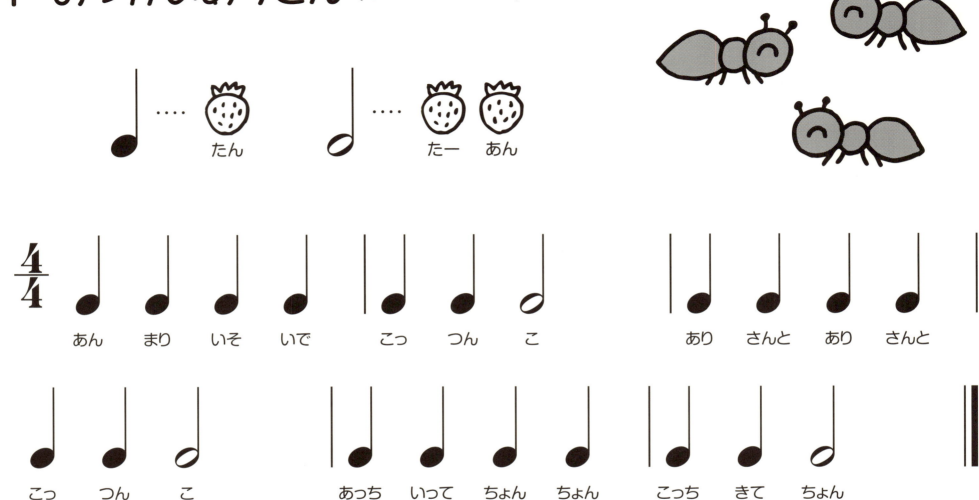

関根栄一 作詞
團伊玖磨 作曲

1 おつかいありさん (ピアノ)

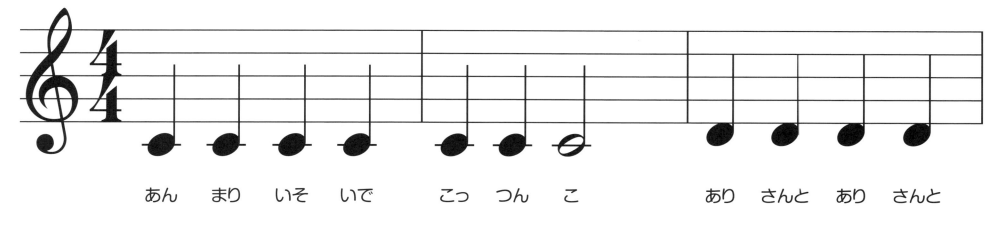

あん まり いそ いで　こっ つん こ　あり さんと あり さんと

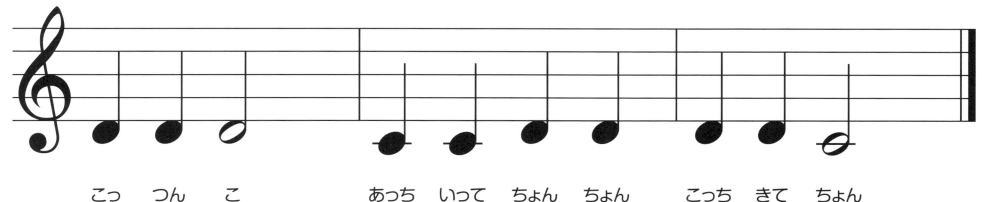

こっ つん こ　あっち いって ちょん ちょん　こっち きて ちょん

〈レッスンの手順〉
① 先生と一緒に元気よく歌いましょう。CDの1番目には、歌とピアノ伴奏が入っています（トラック1 ♩= 76）。
② リズムを打ちましょう。リズム練習をしたあとで、歌いながらリズムを打ちます。すっかり歌えるようになったら、CDの2番目にはピアノ伴奏だけが入っていますので、CDに合わせて一人で歌いながらリズムを打ちましょう（トラック2 ♩= 76）。
③ 左ページのリズムと同じリズムで右ページにピアノの楽譜が書いてあります。まず音符を読みましょう。できれば手でリズムを打ちながら読んだ方が良いです。上手になったらCDと合わせましょう。3番目には歌う時より少しゆっくりの速度で入れてあります（トラック3 ♩= 58）。合わせられない場合は、先生が1オクターブ上でメロディーを弾いてあげて下さい。自分で歌いながら弾いても構いません。

2 ごんべさんのあかちゃん（うたとリズム）

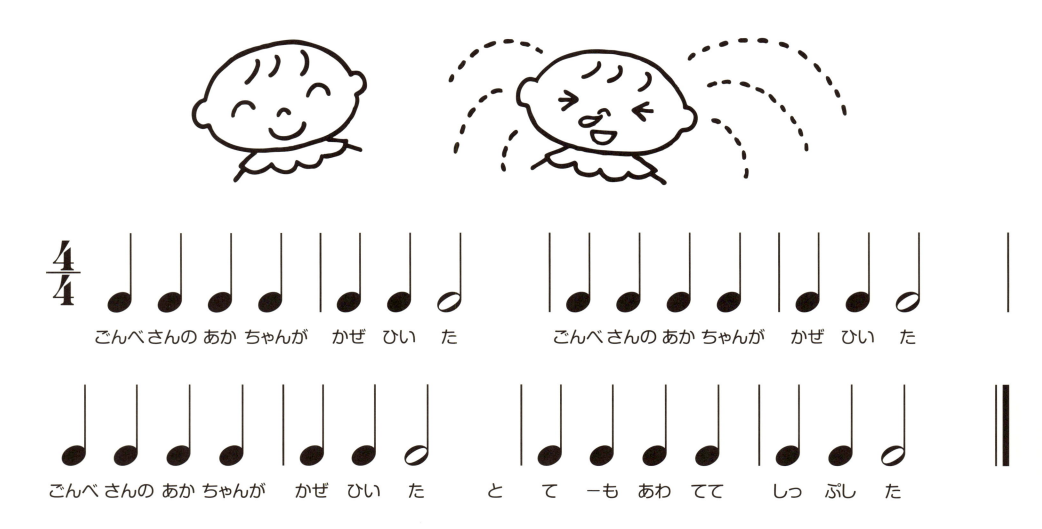

作詞者不詳
アメリカ民謡

2 ごんべさんのあかちゃん（ピアノ）

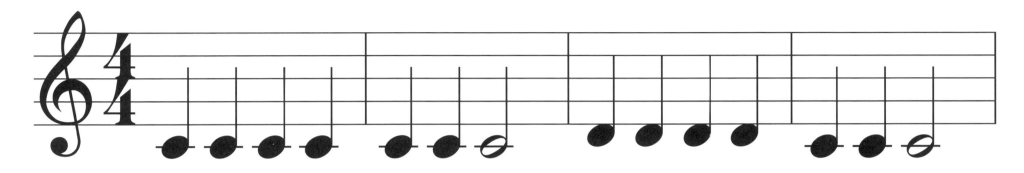

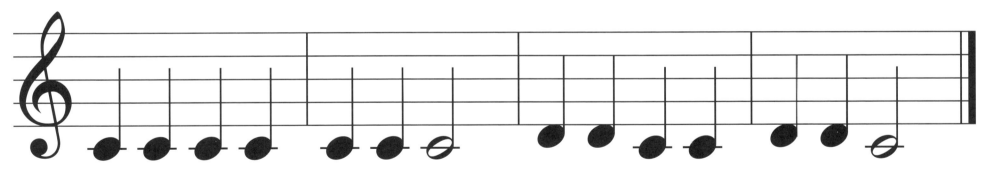

◎CDトラック4 歌入り（♩=76）、5 歌なし（♩=76）、6 歌なし（♩=58）。手順は5ページと同様に。

3 ほたる (うたとリズム)

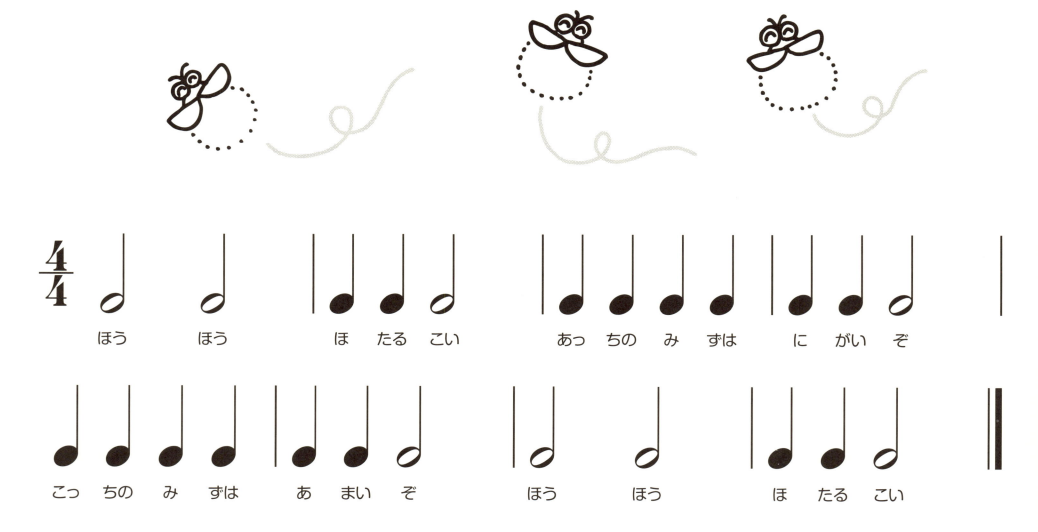

3 ほたる（ピアノ）

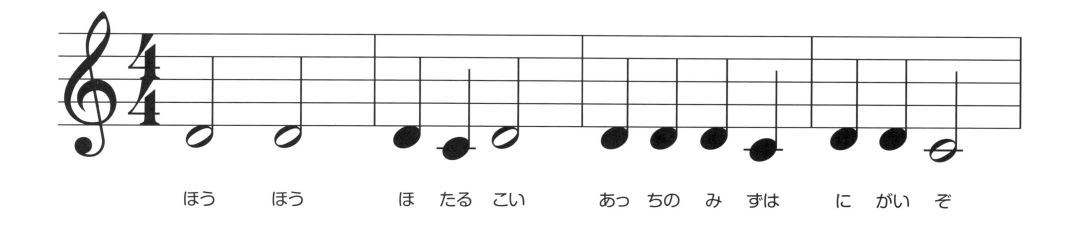

◎CDトラック 7 歌入り（♩= 68）、8 歌なし（♩= 68）、9 歌なし（♩= 58）。手順は5ページと同様に。

4 はしのうえで (うたとリズム)

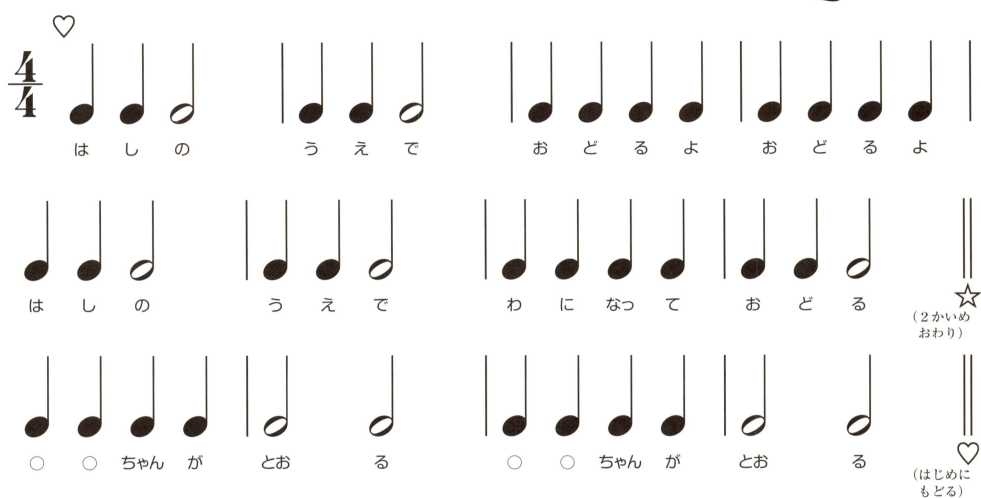

4 はしのうえで (ピアノ)

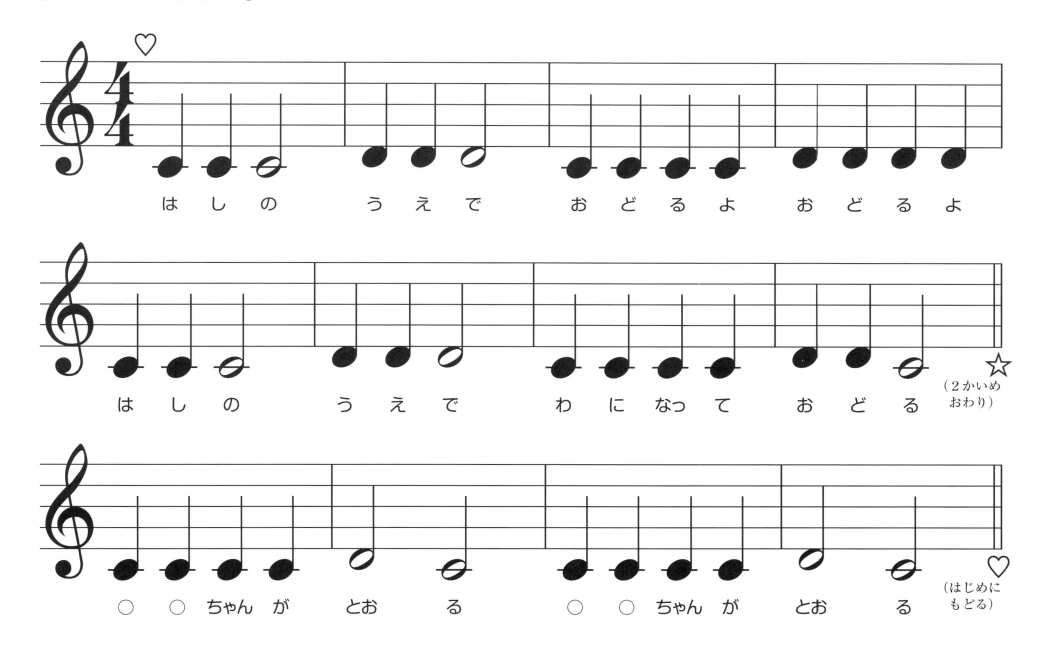

◎CDトラック10歌入り(♩=76)、11歌なし(♩=76)、12歌なし(♩=62)。手順は5ページと同様に。「○○ちゃん」のところに自分や先生の名前を入れましょう。

5 ちゅうりっぷ (ピアノ)

◎CDトラック13 歌入り(♩=68)、14 歌なし(♩=68)、15 歌なし(♩=58)。手順は5ページと同様に。

6 みっきーまうす・まーち （うたとリズム）

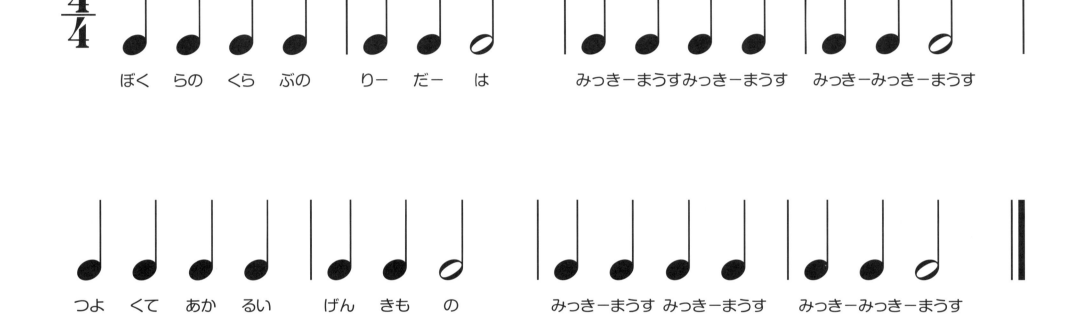

蓮　健児 日本語詞
Words and Music by Jimmie Dodd

6 みっきーまうす・まーち (ピアノ)

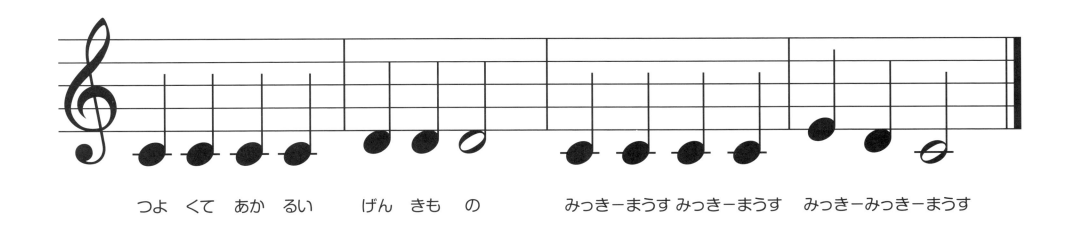

◎CDトラック 16 歌入り (♩=72)、17 歌なし (♩=72)、18 歌なし (♩=62)。手順は5ページと同様に。

7 ぐー・ちょき・ぱー （うたとリズム）

7 ぐー・ちょき・ぱー（ピアノ）

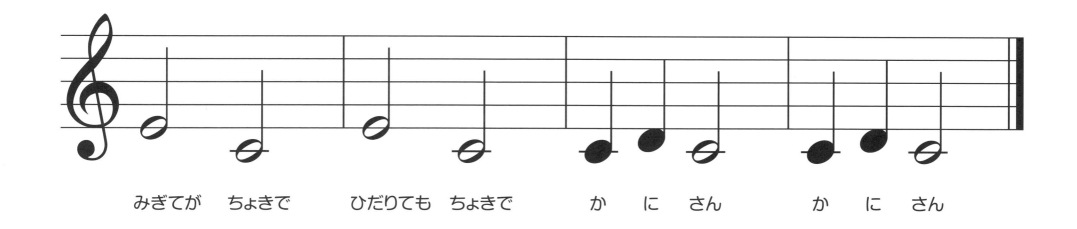

◎CDトラック 19 歌入り（♩=70）、20 歌なし（♩=70）、21 歌なし（♩=52）。手順は5ページと同様に。

8 げんこつやまのたぬきさん (うたとリズム)

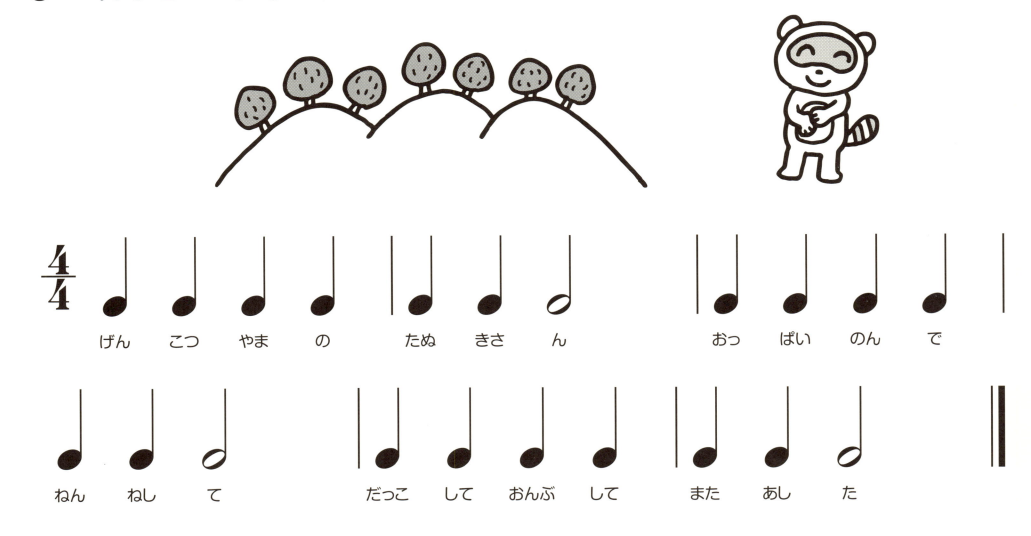

わらべうた

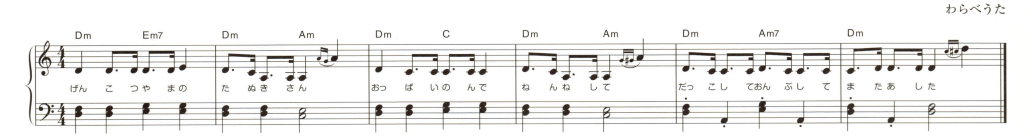

8 げんこつやまのたぬきさん (ピアノ)

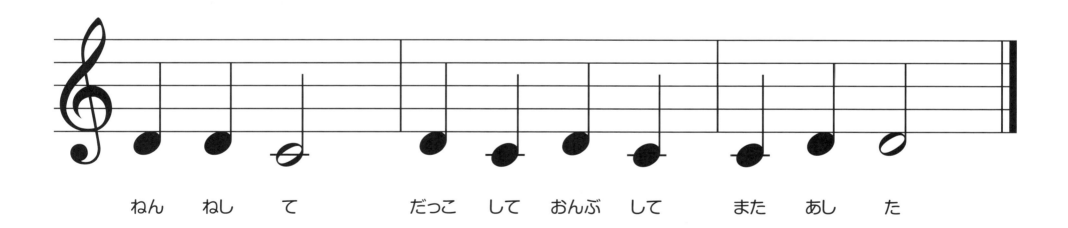

◎CDトラック22 歌入り (♩=72)、23 歌なし (♩=72)、24 歌なし (♩=58)。手順は5ページと同様に。

19

9 めりーさんのひつじ（うたとリズム）

高田三九三 作詞
アメリカ曲

9 めりーさんのひつじ (ピアノ)

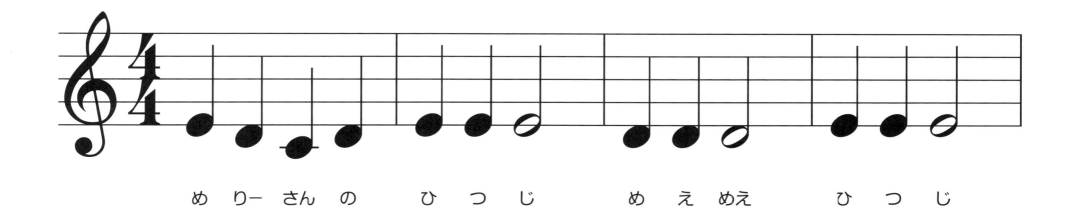

めりーさんの　ひつじ　めえめえ　ひつじ

めりーさんの　ひつじ　まっしろね

◎CDトラック 25 歌入り (♩= 72)、26 歌なし (♩= 72)、27 歌なし (♩= 58)。手順は5ページと同様に。

10 なべなべそこぬけ (うたとリズム)

10 なべなべそこぬけ（ピアノ）

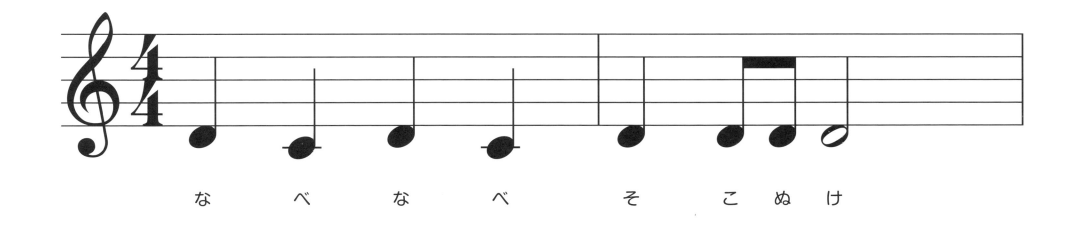

◎CDトラック28歌入り（♩=62）、29歌なし（♩=62）、30歌なし（♩=48）。手順は5ページと同様に。

11 10にんのいんでいあん (うたとリズム)

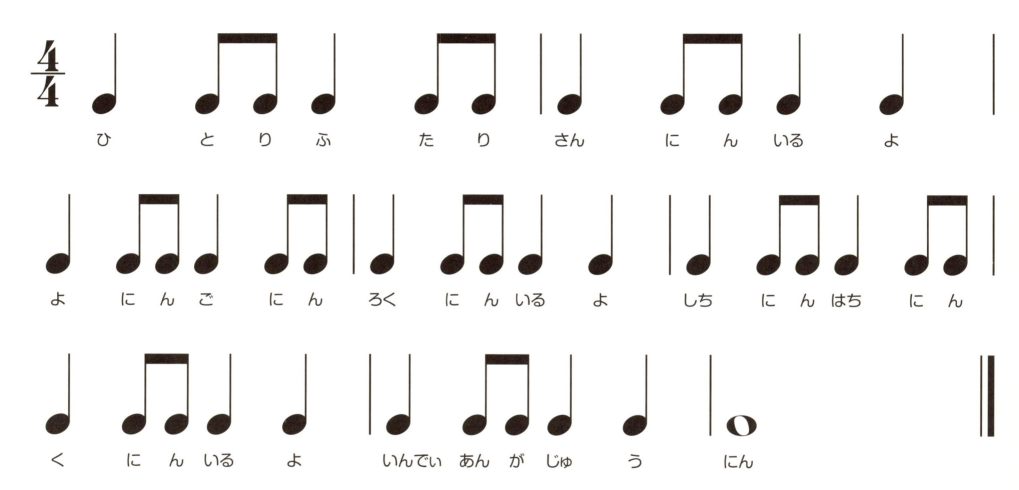

高田三九三 作詞
アメリカ民謡

11 10にんのいんでぃあん (ピアノ)

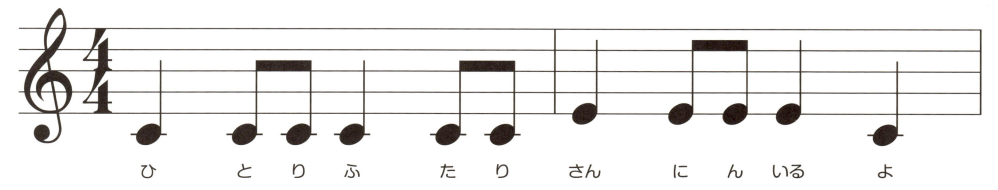

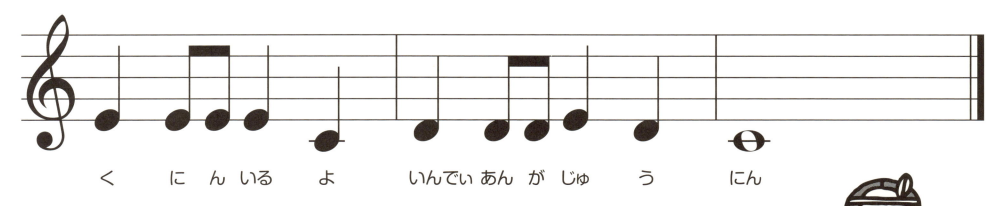

◎CDトラック 31 歌入り (♩=62)、32 歌なし (♩=62)、33 歌なし (♩=50)。手順は5ページと同様に。

12 さよなら (うたとリズム)

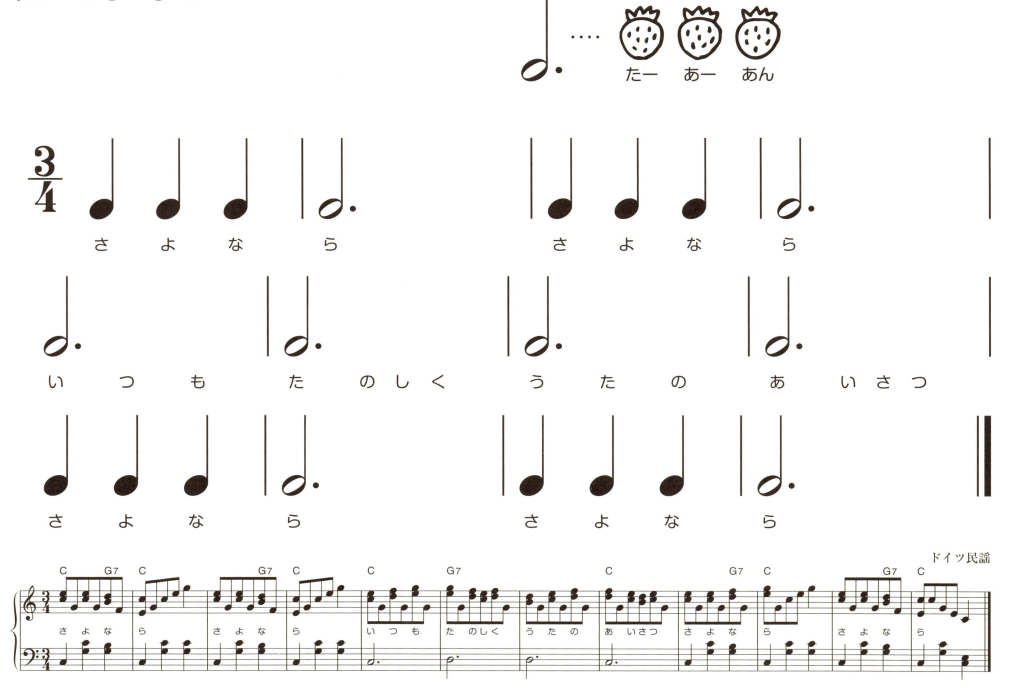

12 さよなら（ピアノ）

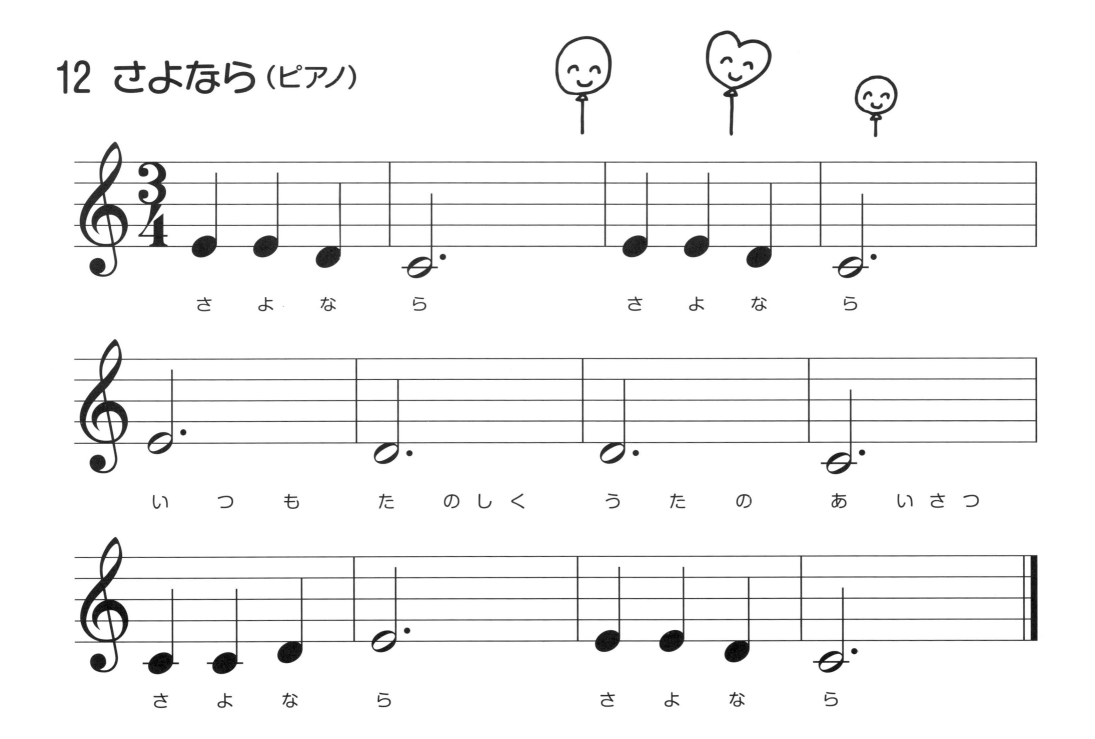

◎CDトラック 34 歌入り（♩= 72）、35 歌なし（♩= 72）、36 歌なし（♩= 56）。手順は5ページと同様に。

13 うみ（うたとリズム）

林　柳波 作詞
井上武士 作曲

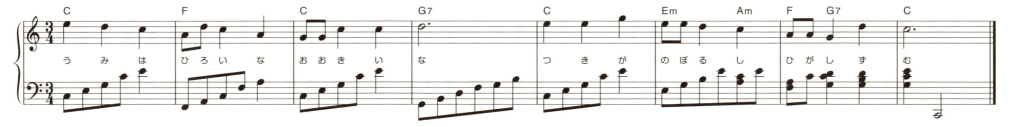

13 うみ（ピアノ）

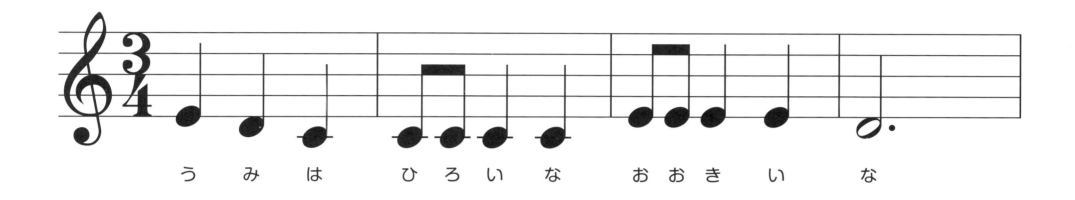

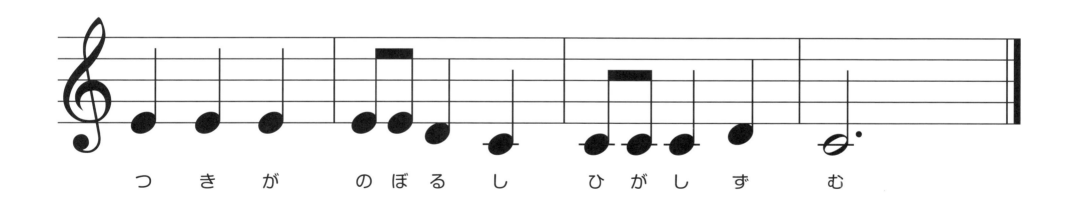

◎CDトラック 37 歌入り（♩=62）、38 歌なし（♩=62）、39 歌なし（♩=52）。手順は5ページと同様に。

14 かえるのうた (うたとリズム)

岡本敏明 日本語詞
ドイツ民謡

14 かえるのうた (ピアノ)

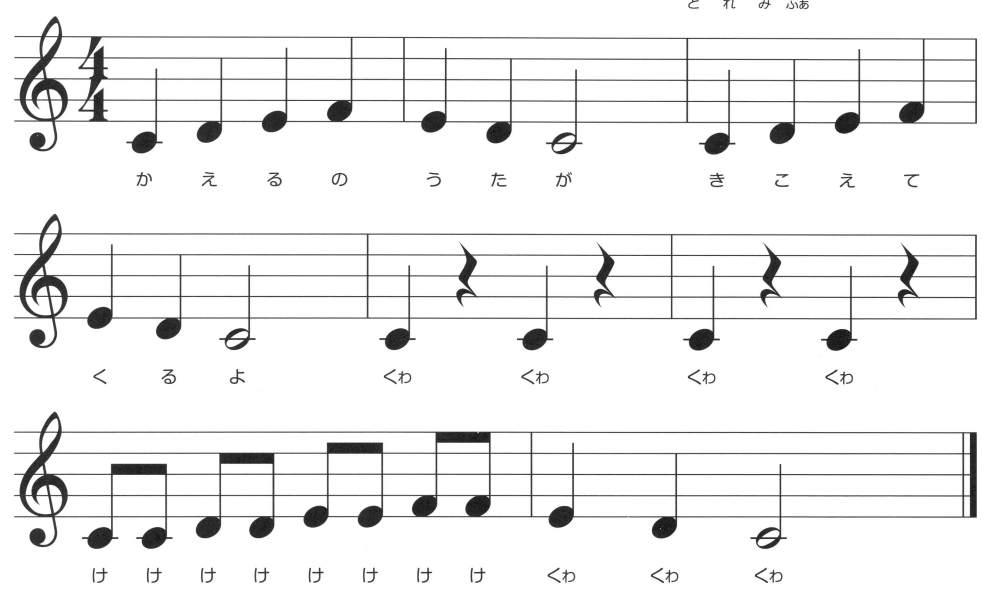

◎CDトラック 40 歌入り(♩=72)、41 歌なし(♩=72)、42 歌なし(♩=54)。手順は5ページと同様に。

15 きらきらぼし（うたとリズム）

武鹿悦子 作詞
フランス民謡

15 きらきらぼし (ピアノ)

◎CDトラック43 歌入り (♩=68)、44 歌なし (♩=68)、45 歌なし (♩=54)。手順は5ページと同様に。

16 ふしぎなぽけっと（うたとリズム）

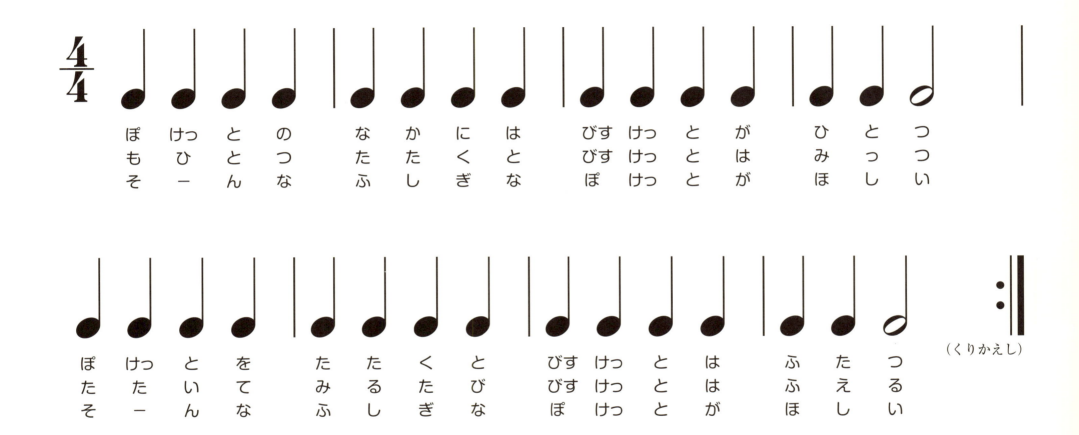

まどみちお 作詞
渡辺 茂 作曲

16 ふしぎなぽけっと (ピアノ)

◎CDトラック46 歌入り(♩=76)、47 歌なし(♩=76)、48 歌なし(♩=58)。手順は5ページと同様に。

17 とんぼのめがね (うたとリズム)

4/4 とんぼのめがねは みずいろめがね

あおいおそらを とんだから

とんだから

額田誠志 作詞
平井康三郎 作曲

17 とんぼのめがね（ピアノ）

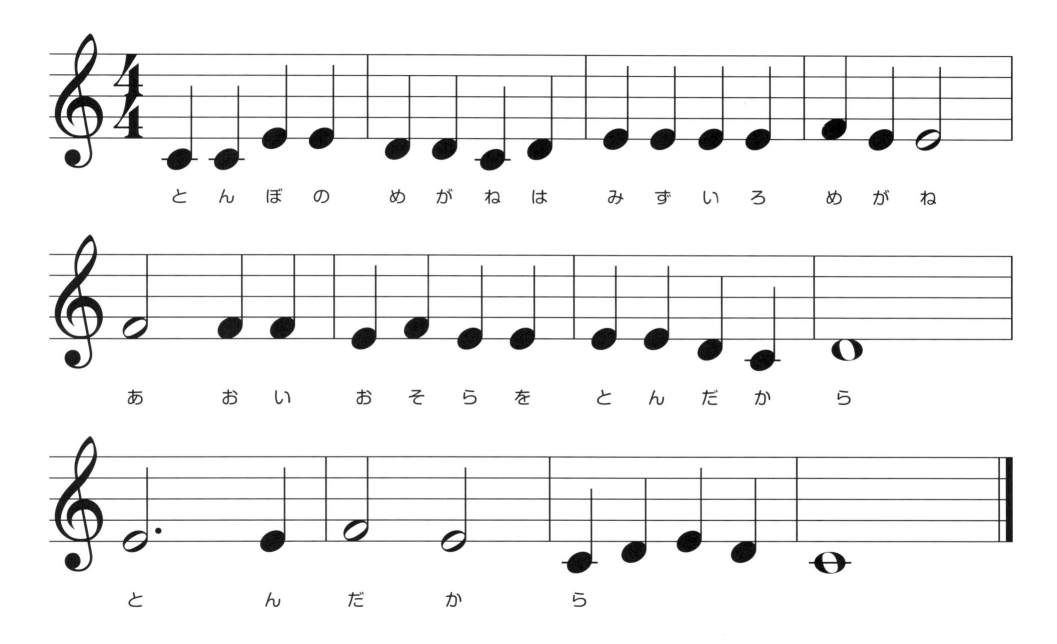

◎CDトラック 49 歌入り（♩=76）、50 歌なし（♩=76）、51 歌なし（♩=62）。手順は5ページと同様に。

18 むすんでひらいて (うたとリズム)

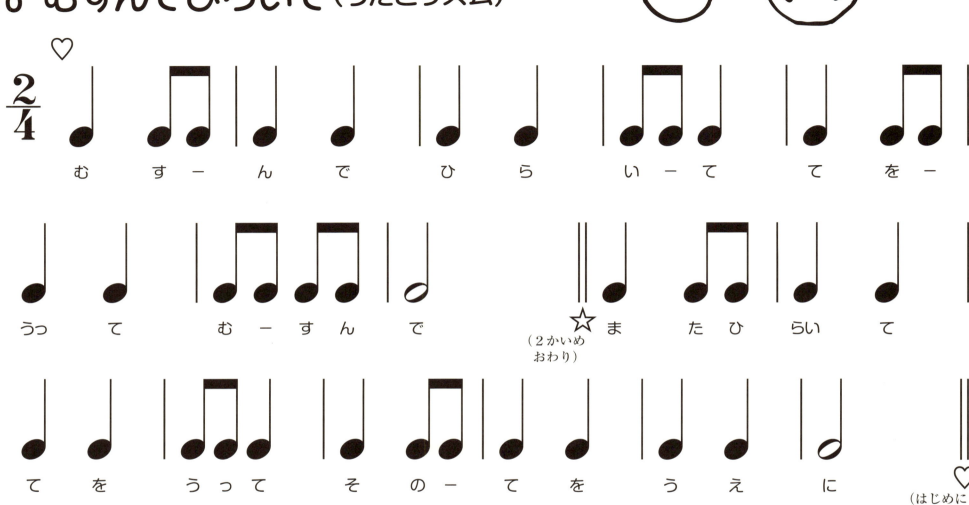
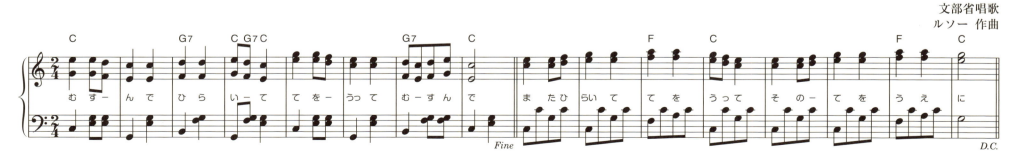

文部省唱歌
ルソー 作曲

18 むすんでひらいて (ピアノ)

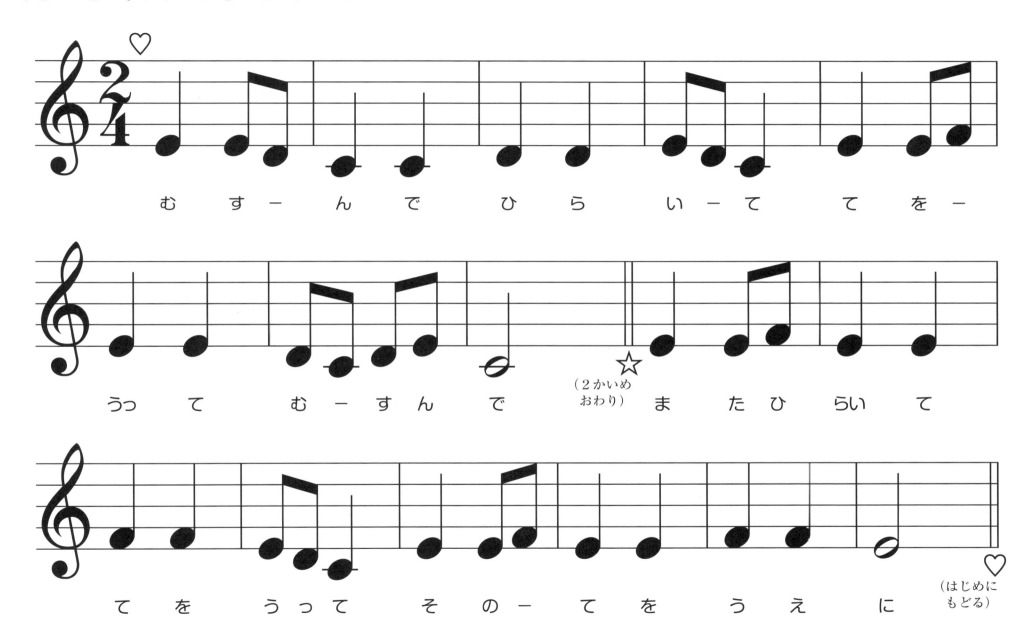

◎CDトラック 52 歌入り (♩=70)、53 歌なし (♩=70)、54 歌なし (♩=54)。手順は5ページと同様に。

19 ろんどんばし（うたとリズム）

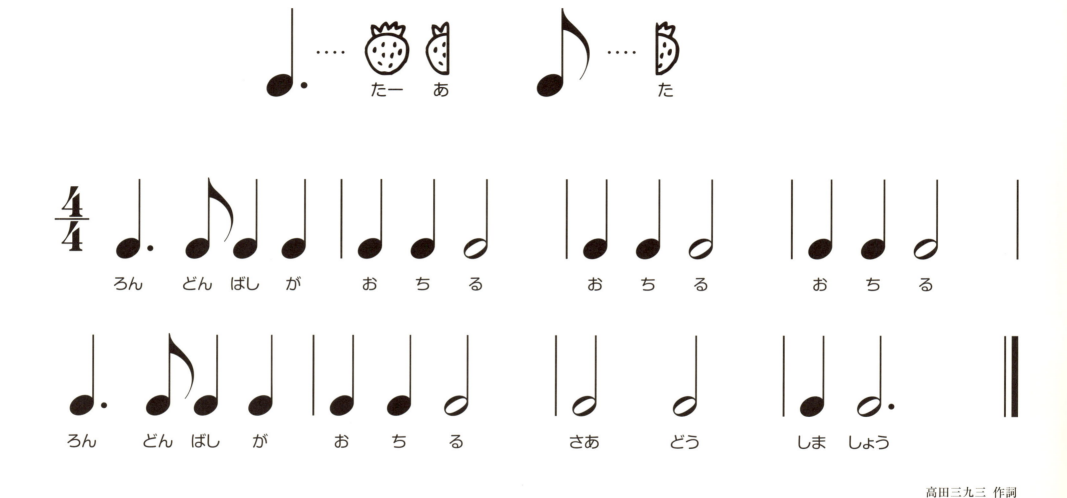

高田三九三 作詞
イギリス民謡

19 ろんどんばし (ピアノ)

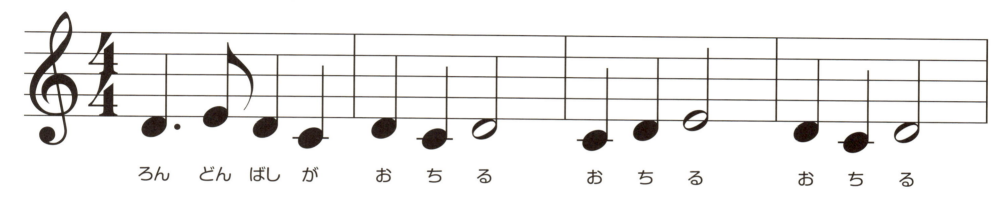

ろん どん ばし が お ち る お ち る お ち る

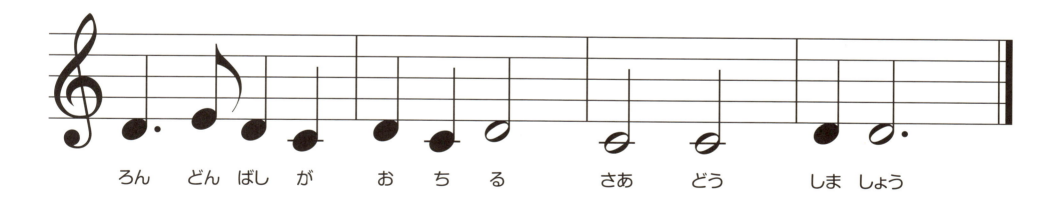

ろん どん ばし が お ち る さあ どう しま しょう

◎CDトラック 55 歌入り (♩=76)、56 歌なし (♩=76)、57 歌なし (♩=66)。手順は5ページと同様に。

20 ぞうさん （うたとリズム）

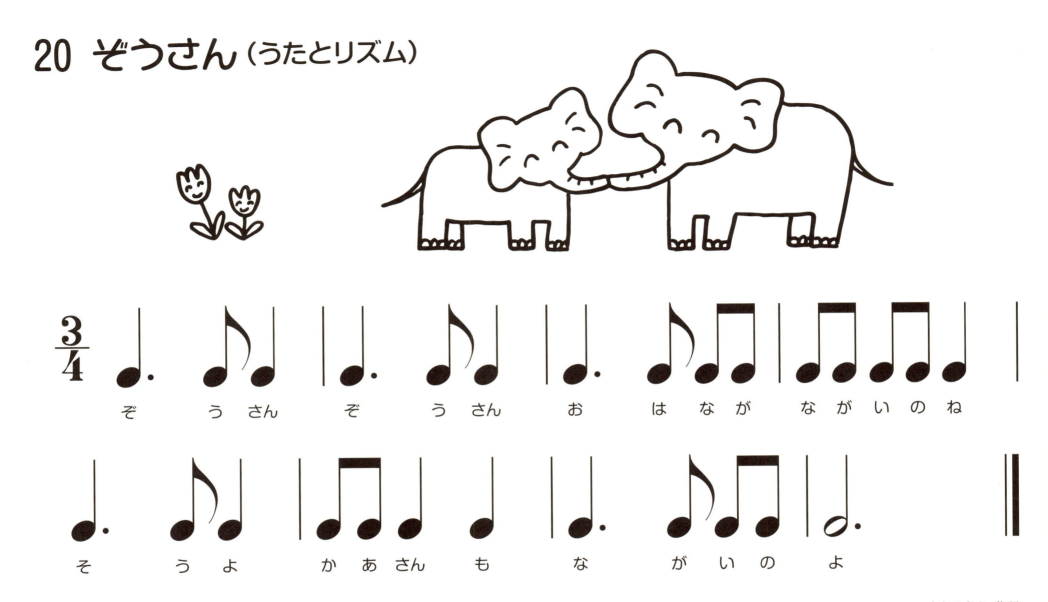

まどみちお 作詞
團伊玖磨 作曲

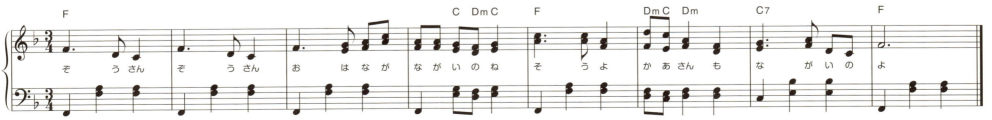

20 ぞうさん（ピアノ）

◎CDトラック 58 歌入り（♩=76）、59 歌なし（♩=76）、60 歌なし（♩=52）。手順は5ページと同様に。

21 あるぷすいちまんじゃく (うたとリズム)

21 あるぷすいちまんじゃく (ピアノ)

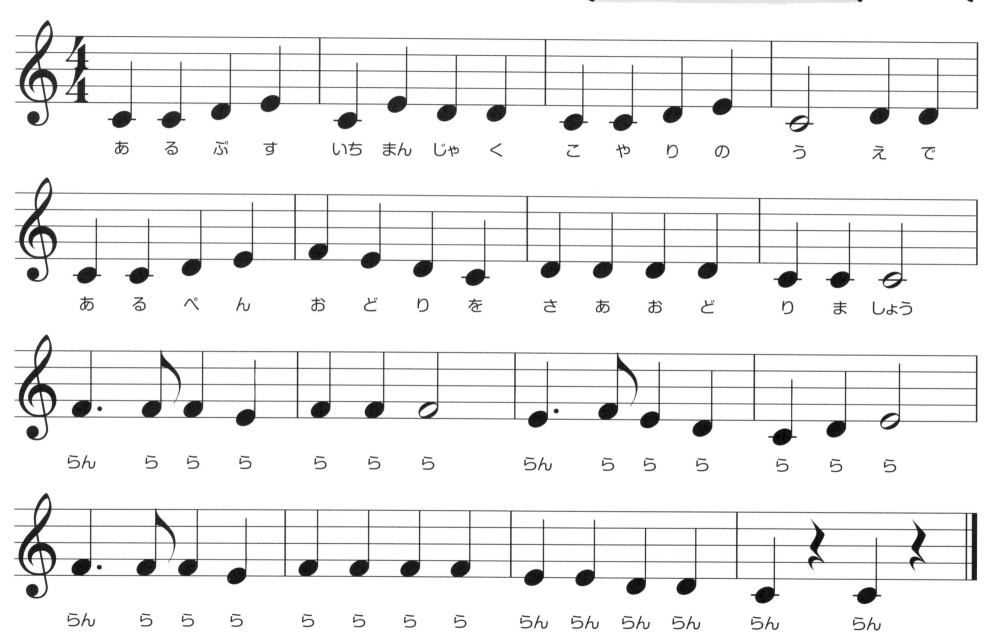

◎CDトラック61歌入り (♩=82)、62歌なし (♩=82)、63歌なし (♩=58)。手順は5ページと同様に。

22 いぬのおまわりさん（うたとリズム）

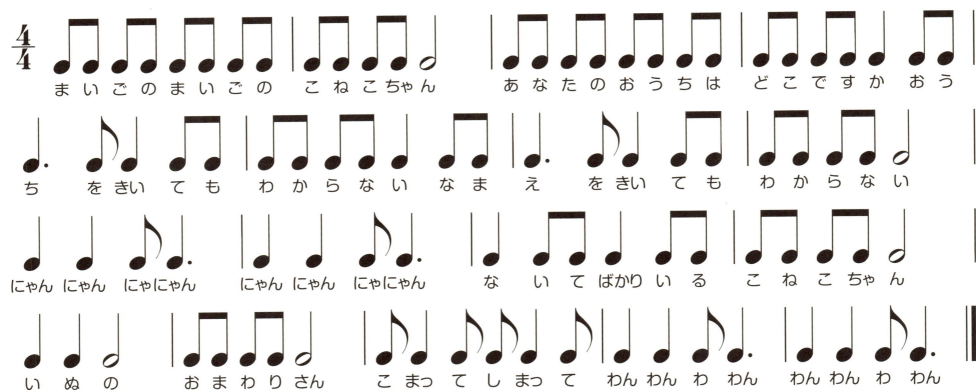

佐藤義美 作詞
大中 恩 作曲

22 いぬのおまわりさん (ピアノ)

◎CDトラック64歌入り(♩=62)、65歌なし(♩=62)、66歌なし(♩=46)。手順は5ページと同様に。

23 じんぐる・べる (うたとリズム)

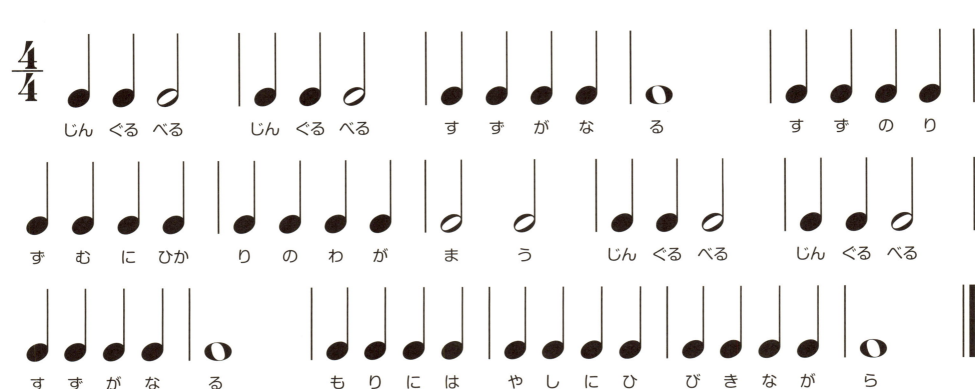

ペアポント 作詞・作曲
宮沢章二 訳詞

23 じんぐる・べる (ピアノ)

◎CDトラック 67 歌入り (♩= 78)、68 歌なし (♩= 78)、69 歌なし (♩= 62)。手順は5ページと同様に。

24 たなばたさま（うたとリズム）

24 たなばたさま (ピアノ)

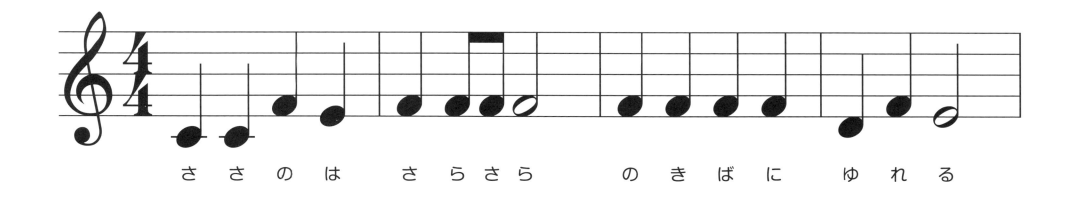

ささのは さらさら のきばに ゆれる

おほしさま きらきら きんぎん すなご

◎CDトラック 70 歌入り (♩=68)、71 歌なし (♩=68)、72 歌なし (♩=56)。手順は5ページと同様に。

25 まめまき (うたとリズム)

えほん唱歌

(くりかえし)

25 まめまき (ピアノ)

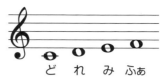

◎CDトラック 73 歌入り (♩= 64)、74 歌なし (♩= 64)、75 歌なし (♩= 48)。手順は5ページと同様に。

26 うれしいひなまつり（うたとリズム）

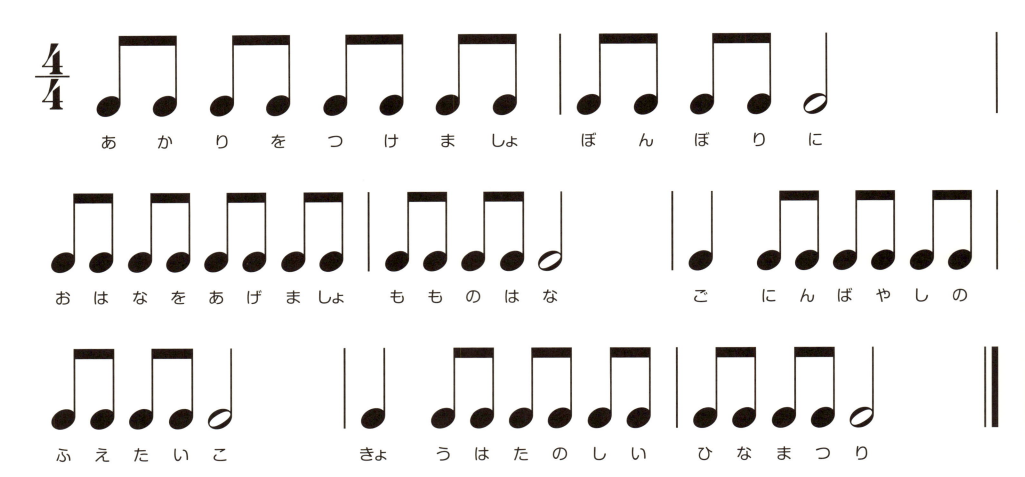

サトウハチロー 作詞
河村光陽 作曲

26 うれしいひなまつり (ピアノ)

◎CDトラック 76 歌入り (♩= 56)、77 歌なし (♩= 56)、78 歌なし (♩= 42)。手順は5ページと同様に。

ごうかくカード

（曲ができたら、シールをはったり、スタンプを押したり、色をぬったりしてゴールを目指しましょう）

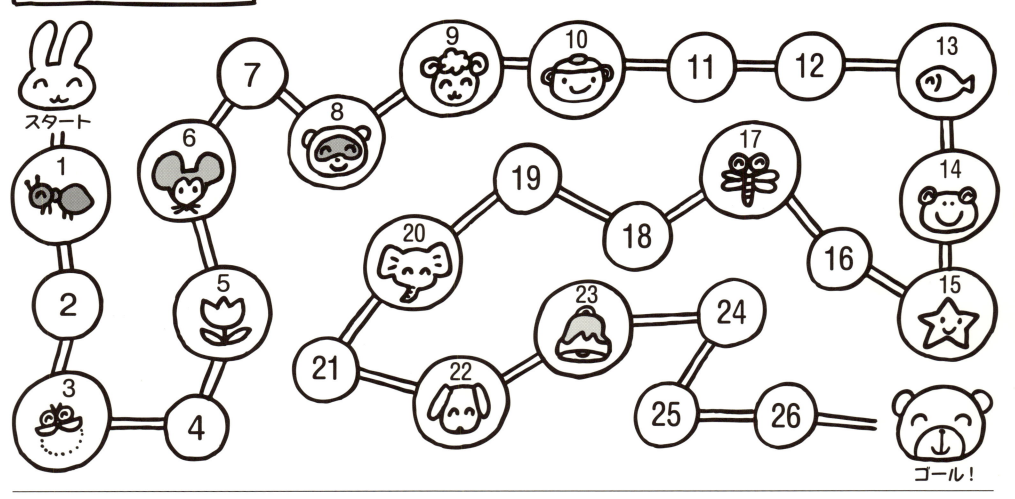

〈指導書のご案内〉　各定価［本体 1,800 円＋税］サーベル社

「1才からのピアノ・レッスン」（21世紀の新しい音楽教室のために）
実際のレッスンの研究成果から具体的に小さい子のレッスン方法をひもとく貴重な指導書。すぐに役立つレッスン・スケジュールつき。

「2才からのピアノ・レッスン」（小さい子の上手な教え方）
具体的なピアノの教え方から小さい子の扱い方まで、1才から6才までの生徒に対応。便利な体験レッスン・プログラムつき。

「ピアノ・レッスン知恵袋」（テキスト選びとレッスンのヒント）
小さい子から高齢者までのレッスン方法を年齢別に具体例で示した使いやすい指導書。巻末付録では、それぞれのテキストが紹介されています。

遠藤蓉子ホームページ　http://yoppii.g.dgdg.jp/
【YouTube】よっぴーのお部屋　レッスンの扉（レッスンのヒントを紹介）

編　著	遠藤蓉子
ＤＴＰ	アトリエ・ベアール
発行者	鈴木廣史
発行所	株式会社サーベル社
発行日	2022年7月25日

うたとリズムとピアノ
メロディー・ピクニック ①
（きせつのうたつき）

〒130-0025　東京都墨田区千歳2-9-13
TEL 03-3846-1051　FAX 03-3846-1391
http://www.saber-inc.co.jp/

この著作物を権利者に無断で複写複製することは、著作権法で禁じられています。
万一、落丁・乱丁の場合は送料小社負担でお取り替えいたします。
JASRAC 出 1502748-206